W0283174

Charlotte Breyer

Bunt wie das Leben

Charlotte Breyer

Bunt wie das Leben

Mit dem Älterwerden Freundschaft schließen

echter

Bibliografische Information der Deutschen Bibliothek

Die Deutsche Bibliothek verzeichnet diese Publikation in der Deutschen Nationalbibliografie; detaillierte bibliografische Daten sind im Internet über <http://dnb.ddb.de> abrufbar.

2. Auflage 2003
© 2003 Echter Verlag GmbH, Würzburg
www.echter-verlag.de
Umschlag: Peter Hellmund (Foto: gettyone images)
Druck und Bindung: Friedrich Pustet GmbH & Co. KG, Regensburg
ISBN 3-429-02550-8

Inhalt

Vorwort

Alt werden ist wie Achterbahn fahren. Mal geht es rauf, dann wieder runter, und Abspringen ist nicht möglich.
Manchmal bleibt einem fast das Herz stehen vor Angst, und kurz darauf blickt man voll Erwartung nach vorne.
Alt werden ist also ein Abenteuer. »Kein Spaß« sagen die einen, »voller Überraschungen« die anderen.
So oder so, es wird Zeit, darüber zu reden, denn noch nie lebten so viele alte Menschen unter uns. Schon spricht man von der »ergrauenden Gesellschaft«, aber das ist ein falsches Bild. Denn alt werden gehört zum Leben – und bunt wie das Leben, so ist auch das Alter.
Die Texte auf den folgenden Seiten sollen Mut machen, den späten Jahren Farbe zu geben. Sie sind Menschen gewidmet, mit denen ich über das Älterwerden sprechen konnte, mal heiter, mal nachdenklich gestimmt, immer aber realistisch und zum Glück sehr oft optimistisch. Sie haben dazu beigetragen, daß dieses Büchlein erscheinen konnte.

Juli 2003 Charlotte Breyer

Ärger mit dem Wörtchen »noch«

Die Jubilarin ärgert sich mordsmäßig. In einem gut gemeinten Artikel in der Tageszeitung steht, daß sie heute nach 40 Jahren im Dienst der Stadt in den Ruhestand gehe und daß sie sich mit ihren 65 Jahren noch fit fühle. Sie ärgert sich über das Wörtchen »noch« und darüber, daß man wohl davon ausgeht, daß es mit dem Fitsein bald vorbei sei.

Sie ist nicht die einzige, die so reagiert. Auch der siebzigjährige Pensionist ärgert sich, wenn liebe Freunde fragen, ob er sich das wirklich noch zutraut, wenn er von seiner bevorstehenden Weltreise spricht. Und sie sagen das so, als ob sie erwarten würden, daß er nicht mehr lebendig zurückkommen wird. Er aber fühlt sich gesund, mobil und neugierig, keineswegs zum alten Eisen gehörig. Und daß es genügend grämliche Junge gibt, die Anforderungen aus dem Weg gehen und sich etabliert fühlen, ehe sie es wirklich sind, das sieht er täglich.

Also vergessen wir das Wörtchen »noch«. Es schafft nur Ärger. Daß das gefühlte und das gezählte Alter fast nie übereinstimmen ist längst bekannt, wieviel Kraft und Kreativität im Alter stecken können, ebenfalls. Denken wir nur an berühmte Männer und Frauen wie Pablo Picasso, Hans-Georg Gadamer, Gräfin Dönhoff, Konrad Adenauer und Astrid Lindgren, um nur einige aus dem vergangenen Jahrhundert zu nennen.

Bewundernswerte Senioren und Seniorinnen begeg-

nen uns auch im ganz normalen Alltag, sie fallen nur nicht auf.
Freilich, es gibt kein Entrinnen. Das Alter kommt, bei den einen langsam, bei den anderen schubweise, steht vor der Türe und läßt sich nicht abweisen. Aber man kann Kompromisse schließen, wenn sich Veränderungen und Defizite bemerkbar machen. Kompromisse mit sich selbst.
Das kann bedeuten: nicht mit aller noch vorhandenen Kraft festhalten an Gewohntem. Was nicht mehr so gut läuft wie früher, kann auf andere Weise bewerkstelligt werden. Wer sagt denn, daß man sich nach gelebten Jahren noch immer mit allem selbst abplagen muß? Sich chauffieren lassen, Wäsche ausgeben, Einkäufe bringen lassen, Hilfen annehmen, das ist erlaubt. Die Helfer gibt es: Kinder, Enkelkinder, jüngere Freunde, Nachbarn. Sie fragen aber meist nur ein- oder zweimal; wenn sie abgewiesen werden mit der Bemerkung: »So alt bin ich noch nicht«, dann verlieren sie die Lust.
Da ist es dann wieder und stört, das Wörtchen »noch«.

Lernprogramm für Oma und Opa

Kaum ist ein Baby geboren, wird ein Ehepaar im besten Lebensalter zu Opa und Oma. Die Freude ist riesig, aber die Rolle extrem gewöhnungsbedürftig. Zu Eltern haben sie sich seinerzeit selbst gemacht. Großeltern wurden sie ungefragt. Zu einem Zeitpunkt, da sie sich, nachdem der eigene Nachwuchs das Nest verlassen hat, eigentlich neuen Interessen und neuen Zielen widmen wollten. Computerkurse, Seniorenstudium und Aquarellmalen zur geistigen, sowie Jazztanzen und Walking zur körperlichen Ertüchtigung, wie es so schön heißt.
In dieses Programm nun platzt das Enkelkind. Welche Wonne!
Aber Vorsicht! Kindererziehung hat nichts mehr mit dem zu tun, was früher einmal galt. Nichts ist mehr wie damals. Die Kleinen brauchen heutzutage weder Ruhe noch Ordnung, sondern ein soziales Umfeld. Also sind sie überall bis zum Abwinken mit dabei. Einschlafrituale erschöpfen dann regelmäßig die ganze Familie bis kurz vor Mitternacht.
Die Kleinen brauchen auch keinesfalls Anleitung zu gutem Benehmen, statt dessen die Möglichkeit, ihre Persönlichkeit zu entwickeln. Wenn sie die Fernbedienung des neuen TV-Geräts mit ins Bett nehmen oder Opas Brille im Badewasser versenken, sind sie keineswegs bockig, sondern kreativ und zeigen Charakter.
Außerdem brauchen sie Beachtung, damit Selbstbe-

wußtsein und Psyche keinen Schaden nehmen. Es ist also klar, daß sofort jedes Gespräch am Tisch erstirbt und alle verzückt lauschen, wenn sich die Kleinen mit ihrem süßen Kauderwelsch in die Unterhaltung der Erwachsenen einmischen. Da kann der Opa nur noch staunend schweigen und seine eigene Psyche zur Ruhe mahnen. Die hat er dringend nötig, denn im Falle von rotzfrechen Handlungen, Ruhestörung und ersten Anzeichen von Vandalismus ist Konfliktlösung statt Schimpfen angesagt. Und damit das schon mal klar ist: Süßigkeiten sind verboten.

Großeltern müssen das alles einsehen, wenn sie nicht verstoßen werden wollen. Sie sollen Verständnis haben und um Gottes willen niemals Kritik üben, schon gar nicht am angeheirateten Teil der jungen Eltern. Am besten sie schweigen, sind spendabel und flexibel. Was heißt, daß sie stets bereit sein sollten, ihr Auto auszuleihen und unaufgefordert die Brieftasche zu zücken. Niemals aber sollten sie unangemeldet vor der Türe der Kinder stehen, denn der Satz: »Kommt doch mal vorbei«, ist nicht wirklich ernst gemeint.

Alles ist eben ein bißchen anders geworden. Nur nicht das Enkelkind. Das ist einzigartig – wie alle Enkelkinder der Welt.

Feiern oder nicht feiern?

Der runde Geburtstag naht und damit das Dilemma: feiern oder nicht feiern?
Er habe keine Lust, sagt der Jubilar, und mit 80 Jahren sei man schließlich alt genug, um selbst zu entscheiden.
Das gehe doch nicht, sagt die Familie, die Freunde würden schon auf eine Einladung warten.
Was tun?
In diesem Fall wurde gefeiert. Die Kinder und Enkel haben die Sache in die Hand genommen, und am Ende war der Senior höchst zufrieden. Es hat ihm gefallen, im Mittelpunkt zu stehen, und es hat ihm auch gefallen, geehrt zu werden. Und natürlich war er am Ende auch stolz auf sich, denn er hatte eine brillante Rede vorbereitet, die ihm viel Beifall bescherte.
Das war aber nicht alles. Bei der Vorbereitung zu dieser Rede war ihm klar geworden, daß es in seinem Leben viele gibt, die es immer gut mit ihm gemeint hatten, daß er sich – so betrachtet – eigentlich als reicher Mann fühlen konnte. Und auch die erfreulichen Seiten des Alters wurden ihm bewußt beim Blick in den Rückspiegel. Der Zuwachs an Gelassenheit zum Beispiel, der es zu seinem eigenen Erstaunen ermöglicht, manches, was ihn früher in Harnisch gebracht hat, heute anders zu sehen und anders einzuordnen. Wer ein langes Leben hinter sich hat, kann zurückblicken auf helle und auf dunkle

Stunden. An Geburtstagen dominieren die hellen. Und auch aus diesem Grunde sollte man es sich nicht entgehen lassen zu feiern.
Und noch etwas geschah an diesem Fest: Erinnerungen wurden geweckt. Weißt du noch, fragen die Gäste, weißt du noch, damals, als wir uns kennenlernten, als unsere Kinder miteinander spielten und als wir gemeinsam Urlaub machten? Plötzlich fühlen sich mit dem Jubilar auch seine Gäste beschenkt. Denn alle spüren, daß sie hier etwas miteinander verbindet. Sie spüren aber auch das eigene Ich zwischen all den Komplimenten, freundlichen Zurufen und Gesprächen. Und sie fragen sich, in welcher Beziehung sie eigentlich zu dem Jubilar stehen und wie es sein wird, wenn sie selbst einmal so alt sein werden wie er.
So ist dieser 80. Geburtstag nicht nur Anlaß, einem alten Mann zu gratulieren, er ist auch Anlaß, über sich selbst nachzudenken und in die eigene Zukunft zu schauen.
Was also: feiern oder nicht? Natürlich darf ein Fest keine Pflichtübung sein. Eine Reise, ein paar Tage in einem Hotel, ohne Verwandte, ganz für sich allein – auch das kann schön sein. Dennoch möchte ich für das Fest plädieren. Wer feiert, trägt dazu bei, daß sich die Erinnerungen mehren. Sie sind das Brot der alten Tage und, wie Jean Paul sagte, das Paradies, aus dem uns niemand vertreiben kann.

Besuch im Krankenhaus

Die Ängstlichkeit beginnt schon damit, daß man sich nicht zurechtfindet in den langen Fluren, wo Menschen in Bademänteln Infusionsständer neben sich her schieben. Es riecht nach Medizin, weiße Kittel wehen vorbei.
Wo ist nur Zimmer 149, und was wird mich dort erwarten?
»Es war gar nicht einfach, dich zu finden«, sagt man erst einmal beim Eintreten, und blickt auf das Bett. Dort liegt jemand, den man bisher immer nur aufrecht erlebt hat. Niemals ohne Schlips. Jetzt ist er ein Kranker und man selbst ein Gesunder. Zu Besuch. Also verhält man sich so. Erzählt und fragt. Aber alles ist irgendwie unwirklich, weil das Zimmer ein Krankenzimmer ist und weil der andere von unten nach oben blickt, auch wenn man sich einen Stuhl herangezogen hat und am Bett sitzt. Zwei Ebenen, zwei Welten.
Was berichten? Aus dem Büro? Dort hatten sich alle anderen vor dem Besuch gedrückt. Also mußte die Älteste ran. »Du hast Erfahrung, du machst das schon, liebe Grüße.« Was aber sagt man, wenn da ein Junger liegt, der vielleicht niemals alt wird? Worüber unterhält man sich? Bemühen auf beiden Seiten, peinliche Pausen zu vermeiden.
Nach einer halben Stunde ist es Zeit zu gehen. Mit »Ich will nicht länger stören« wird der Rückzug eingeleitet, und man merkt selbst, wie dumm das klingt.

Wobei sollte man den Kranken wohl stören, hier in seinem Bett? Der aber nickt, denn er fühlt, daß der Besuch nur einen Gedanken hat: hinaus aus dem Haus mit seinen Schrecken und Hoffnungen. Hinter jeder Zimmertür ein Schicksal, hinter jeder Zimmertür liegende Menschen, die nichts lieber täten als aufzustehen und mitzugehen.
Draußen im hellen Sonnenlicht kommt das Gefühl der Erleichterung wie eine blaue Welle heran. Gesundheit ist das, was man nicht merkt, solange man sie hat. Nach einem Besuch im Krankenhaus wird sie spürbar, beschleunigt die Schritte. Der Tag hat erst begonnen. Ein guter Augenblick, dankbar zu sein. Dankbar dafür, daß der eigene Blutdruck stimmt, nirgendwo böse Leukozyten sind, keine verdächtigen Werte. Dankbar dafür, daß man diesmal nicht selbst betroffen ist. Vielleicht ist der Kranke ja auch ein bißchen selbst schuld. Hätte besser auf sich achten müssen, weniger rauchen und mehr schwimmen sollen. Ja, das wird es sein. Die Stimmung hebt sich. Die Schultern straffen sich. Was für ein herrliches Wetter! Hat da nicht jemand aus dem vorbeifahrenden Auto gewunken?

Nur das Beste von den Alten

Ratschläge, wie wir »erfolgreich altern« können, gibt es reichlich. Und alle sind sie auf unser Portemonnaie ausgerichtet. Von der Pharmaindustrie über die Kosmetikbranche, von Immobilienhändlern bis zu Vermögensberatern scheint man sich Sorgen um uns zu machen. Ob wir auch die richtigen (teuren) Medikamente kaufen, damit uns weder Alzheimer noch Parkinson etwas anhaben können, ob wir unsere hochgradig alterswelke Haut auch mit dem richtigen (teuren) allerneuesten Kosmetikprodukt verwöhnen, ob wir uns schon nach einer ... Sie wissen schon ... Wohnanlage umgesehen oder wenigstens den Treppenlift bestellt haben, und vor allem, ob wir unser Geld auch wirklich dort angelegt haben, wo wir mit der bestmöglichen Vermehrung rechnen können? Alles nur zu unserem Besten.
Das war's dann aber auch schon. Wirklich beachtet werden die Alten in der Öffentlichkeit nicht, folglich kommen sie auch in der Werbung, im Fernsehen, überhaupt in den Medien kaum vor. Und wenn, dann als »Rentenlast« oder mit dem Zusatz: »Fragen Sie Ihren Arzt oder Apotheker.« Womit ausgerechnet die Werbebranche, die als die aufgewecktestе und kreativste überhaupt gilt, der Wirklichkeit hinterherläuft.
Aber man muß das verstehen: Eigentlich will niemand in unserer Gesellschaft etwas vom Alter wissen. Eine Verweigerungshaltung ist das, der auch die

Alten selbst verfallen. Nichts verabscheuen sie mehr, als an ihr Alter erinnert zu werden. So gesehen sind die Werbeleute vielleicht doch nicht so doof. Warum sollten sie für eine Zielgruppe werben, zu der keiner gehören will?

Das war einmal anders. In der Antike wurde die Weisheit des Alters gepriesen, und es gibt die schönsten Dichtungen über seine Vorzüge.

Allerdings muß man gerechterweise zugeben, daß die Menschen nur in Einzelfällen so »langlebig« waren wie heute. Das damals erreichte Durchschnittsalter wäre ein Traum für jede Renten-Kommission unserer Tage. Stattdessen sagen Demoskopen für die Zukunft eine ergraute Gesellschaft voraus, und für das Jahr 2050 wird damit gerechnet, daß Hundertjährige in den Kneipen sitzen, in denen sich heute die Siebzigjährigen zum Schoppen treffen.

Glückliches Alter also. Fragt sich nur, warum niemand alt sein will ...

Gedichte wie alte Bekannte

Wann haben Sie zum letzten Mal ein Gedicht gelesen, gar auswendig rezitiert? »Es war, als hätt' der Himmel die Erde still geküßt ...«, oder: »Horch, von fern ein leiser Harfenton! Frühling, ja du bist's! Dich hab' ich vernommen«. Populär, oft gehört und doch einzigartig.

Oder »Nächtlich am Busento lispeln bei Cosenza dumpfe Lieder ...« Wie haben wir gekichert, damals in der Schule, statt den Alarich zu beweinen, gemeinsam mit den Schatten seiner tapferen Goten! Und der Herr Ribbeck auf Ribbeck im Havelland, zweimal hat er uns beschäftigt, einmal, als wir Fontanes Ballade selbst auswendig lernen mußten, und dann noch einmal mit unseren Kindern.

Eine wahre Hitparade von Verszeilen, die uns durchs Leben begleiten, haben wir im Kopf. Manches Gedicht kommt daher wie eine alte Bekannte, manches bewegt die grauen Zellen auf der Suche nach der nächsten Verszeile. Etwa hundert Gedichte sind deutschen Lesern bekannt, errechnete ein Verlag. Von den Klassikern bis zu Rilke, Brecht, Kästner und Celan. Es soll sogar ältere Herrn geben, die gerne die ersten Zeilen der Ilias auf Griechisch zitieren, um ihren humanistischen Bildungsstand zu beweisen.

Wer heute zu einer Gedichtsammlung greift – zum Glück werden sie wieder neu verlegt – wird überrascht sein, wieviel Vertrautes darin zu finden ist.

Auch Tröstliches. Gefühle und Erinnerungen werden geweckt, manches erschließt sich anders als früher, manche Zeile sperrt sich und zwingt zum Weiterdenken.
Die ersten populären Lyrikanthologien, die ein breites Lesepublikum ansprechen sollten, entstanden Mitte des 19. Jahrhunderts, am bekanntesten war der »Poetische Hausschatz des Deutschen Volkes«, und mancher Vater und Großvater, der als Soldat in einen der beiden Weltkriege zog, trug ein Gedichtbändchen in seinem Gepäck durch die Schützengräben.
Warum sich also nicht mal wieder mit Gedichten befassen? Mit Vertrautem oder gar mit Neuem? Es gibt Lyrikseminare an den Universitäten, die auch Senior-Studenten besuchen können, und es gibt die »Frankfurter Anthologien«, Marcel Reich-Ranicki sei Dank, die Lyrikfreunden längst unentbehrlich geworden sind.
Und wie wäre es mit Lernen? Täglich ein paar Zeilen oder gar Verse? Ein wunderbares Training, Gehirnjogging auf hohem Niveau, das sich auch bestens in einer Gruppe von Gleichgesinnten verwirklichen läßt: Zum Dämmerschoppen bringe jeder Gast ein Lieblings-Gedicht mit, das er liest oder rezitiert, auf daß eine neue, ganz individuelle Sammlung entstehe.

Der Mut zum »Nein«

Wann haben Sie zum letzten Mal »nein« gesagt? Ohne Rücksicht darauf, was andere davon halten? Schon länger her, vermutlich. Man ist ja schließlich wohlerzogen und weiß, was sich gehört. Sagt »ja«, wenn man »nein« denkt, will niemandem etwas abschlagen, hat gelernt, Konzessionen zu machen. Karriere und gesellschaftliches Ansehen haben das verlangt. Wer aber sagt, daß das so bleiben muß? Wie mutig und lautstark konnten wir als Kinder »nein« brüllen, wenn wir etwas nicht wollten. Man hat es uns ausgetrieben – in der Familie, in der Schule, im Beruf. Im Alter aber kommt der Mut zum »Nein« zurück.

»Ich will das alles nicht mehr«, sagt eine alte Dame und beschließt, nicht länger zu den regelmäßigen Treffen einer Wohltätigkeitsorganisation zu gehen, weil sie keine Lust mehr hat, einmal im Monat immer die gleichen Gesichter zu sehen und die gleichen Redensarten zu hören. »Ich bin alt genug, um nein zu sagen«, merkt sie an. Es ist ihr auch egal, was über sie gesprochen wird, denn sie hat die Freiheit des Alters entdeckt. Warum nicht mutig sagen, was Sache ist? Warum den Kuchen backen, wenn man keine Lust hat, warum die Busreise mitmachen, nur weil noch eine zahlende Teilnehmerin gesucht wird? Warum nicht ehrlich sein, zu sich selbst und zu den anderen?

Freilich, manchmal ist es nicht einfach, eine Absage

zu erteilen. Zu sehr haben sich alle daran gewöhnt, daß der Großvater bereit ist, den Fahrdienst zu übernehmen, daß der Senior dem Junior die Buchhaltung macht, daß der altbewährte Schriftführer im Heimatverein die Chronik führt und daß der Korb mit gebügelter Wäsche vor der Tür steht, wenn die Tochter von der Arbeit kommt. Ein »Nein« kann da wirken wie ein Donnerschlag. Aber auch wie eine Befreiung, manchmal für beide Seiten. Dann nämlich, wenn niemals vorher offen über all die eingefahrenen Hilfsrituale gesprochen wurde. Vielleicht wollten die Jungen ja schon längst alles anders machen und hatten nur nicht den Mut, es vorzuschlagen.

Das könnte auch für die Jahresfeste gelten. Wo steht geschrieben, daß sich Großeltern zu Weihnachten in überfüllte Züge setzen müssen, um dann bei ihren Kindern im Enkelzimmer zu übernachten, damit sie am Heiligen Abend unter dem Christbaum sitzen und glücklich sind?

Sie könnten sagen: Nein, diesmal nicht, wir bleiben zu Hause. Denn Alter macht frei!

Wer schimpft, lebt länger

Manche Großväter können herrlich schimpfen. Enkel wissen das. Im Auto geht das besonders gut. Wenn von rechts einer kommt, der dem Großvater nicht paßt, zum Beispiel. Keineswegs gesellschaftsfähig sind dann die im Stakkato vorgetragenen Wörter, die vom Fahrersitz gegen die Windschutzscheibe geschleudert werden. Zeitverzögert kommt das Echo aus dem Kindersitz. Beide steigern sich, sowohl in der Lautstärke als auch in der Wortwahl. »Warum schreit ihr denn so?« fragt die Großmutter. »Weil uns das gut tut«, kommt die Antwort unisono.

Und damit bestätigen beide, was amerikanische Forscher kürzlich veröffentlichten: Wer sich ärgert und dabei kräftig schimpft, stärkt sein Immunsystem. Zwar ist Ärger per se keineswegs gesund, aber wenn er sich schon nicht vermeiden läßt, ist es bekömmlicher, ihm Luft zu machen. Das jedenfalls haben die amerikanischen Wissenschaftler belegt. Sie untersuchten Männer zwischen 50 und 80 Jahren. Diejenigen, die zumindest gelegentlich ihrer Wut Ausdruck verleihen, so das Ergebnis, werden seltener von Herzinfarkt und Schlaganfall getroffen. Halb so oft wie diejenigen, die den Ärger runterschlucken.

Dampf ablassen also als medizinische Empfehlung? Für Menschen mit Lebenserfahrung eigentlich keine Neuigkeit. Wer kennt sie nicht, die Zeitgenossen, die alles in sich hineinfressen und dabei magenkrank werden? Wenn Ärger immer wieder geschluckt wird, gibt es irgendwann eine schleichende Vergiftung. Wer sich dagegen spontan äußert – man könnte auch sagen: kräftig schimpft –, verringert den Druck. Vielleicht gibt es weiteren Ärger, weil die Spontaneität zu groß war, aber zunächst einmal ist die Luft raus.

Menschen, die sich so verhalten, wissen meistens, was sie wollen, besser gesagt, was sie nicht wollen: nicht länger zuhören, wenn jemand Falsches berichtet, nicht länger zusehen, wenn jemand Falsches tut. Für sie ist der Augenblick wichtig, also reagieren sie. Manchmal eben mit Schimpfen.

Und sind die großväterlichen Tiraden in den Ohren der Großmutter – was die Wortwahl betrifft – auch ziemlich fragwürdig, man könnte sie als Gesundheitsvorsorge betrachten und sagen: Wer gut schimpft, lebt länger.

Die Enkel wissen übrigens sehr genau, wie sie mit Großvaters Wortschatz umzugehen haben.

In unserem Alter

Ist sie es, oder ist sie es nicht?, frage ich mich beim Blick auf die Dame, die vor mir einen Gehwagen schiebt.
Sie ist es!
Lange haben wir uns nicht gesehen. »Ich hatte einen Schlaganfall«, sagt sie, »jetzt geht es mir wieder gut. Aber ich bin unsicher auf den Beinen, deshalb dieser Begleiter.«
Und während sie das sagt, klopft sie fast kameradschaftlich auf den Griff ihrer Gehhilfe.
»Und wie geht es dir? Gut siehst du aus.«
Das Gespräch geht hin und her. Ihre Augen sind aufmerksam auf mich gerichtet.
Wie lange kennen wir uns eigentlich? Damals in der Ausbildung muß es gewesen sein. Sie ist mir nie richtig aufgefallen, eigentlich hatte ich sie vergessen. Bis heute.
Viel selbstbewußter wirkt sie als damals, trotz der Behinderung. Oder vielleicht gerade deshalb?
»Man wird damit fertig«, sagt sie, als ob sie Gedanken lesen könnte. »Und man lernt dabei viel. Über sich selbst und über andere. Und außerdem, schau dich doch um. Ich bin keine Ausnahme. Das habe ich in der Reha gelernt. Viele haben mit größeren Schwierigkeiten fertigzuwerden und schaffen das auch. Das ist eben so in unserem Alter. Man sieht es nur nicht immer, so wie bei mir. Schön, dich getroffen zu haben. Paß auf dich auf!«

Grüßend wendet sie sich ab und geht weiter. Langsam, mit erhobenem Kopf. Eine Hand winkt zurück.
»In unserem Alter«, hat sie gesagt. Es klingt nach in meinem Ohr: Inunseremalter …
Seit dieser Begegnung sehe ich viele mit Gehhilfen und Gehwagen. Früher sind sie mir kaum aufgefallen, und wenn, dann eher negativ. Weil es so lange dauert, bis sie durch eine Türe kommen, weil sie auf dem Gehsteig so schwer zu überholen sind und überhaupt manchmal stören. In einem Restaurant zum Beispiel, wenn sie sich Schritt für Schritt zum Tisch bewegen und umständlich ihre Stöcke unterbringen, von denen dann meistens einer krachend zu Boden fällt. Dann blickt man indigniert in die Richtung. Mehr nicht, man fühlt sich ja meilenweit entfernt von Stöcken und Gehhilfen. Kann gehen, wohin man will, ohne Schmerzen. Bis uns dann jemand begegnet, den wir kennen und der plötzlich an Stöcken geht. Das trifft. Wir könnten es ja selbst sein.
In unserem Alter jedenfalls!

Bunt wie das Leben

Wer sagt, daß das Alter grau ist? Nur Pessimisten. Und die waren schon in jungen Jahren blind für die schönen Dinge des Lebens.
Es fängt schon mit dem Äußeren an. Wohin man blickt, altersfreie Frauen, bunt gekleidet, gut geschminkt und voller Tatendrang.
Und die Männer? Manchmal etwas zu bemüht, Jugendlichkeit zu demonstrieren, wenn sie den Aufzug verweigern und keuchend die Treppen in den 5. Stock erklimmen, sich in Jeans zwängen, um den faltigen Hals ein Lederbändchen tragen und dabei vom Skifahren auf dem Gletscher erzählen.
Aber gut. Sie fühlen sich eben jung, und das gefühlte Alter hält sich nicht immer an das biologische Alter. Und außerdem, es sind nicht nur die Äußerlichkeiten, die zählen. Das Alter hat noch mehr im Rucksack. Zum Beispiel den Reichtum an Erlebtem. Dazu gibt es einen wunderschönen Text von Hermann Hesse, der die positiven Seiten des Lebens jenseits der Jugend preist. »Das Alter«, so Hesse, »fördert zum Ausgleich der wachsenden körperlichen Gebrechen den Schatz an Bildern, die man nach einem langen Leben im Gedächtnis trägt und denen man sich mit Schwinden der Aktivität in ganz anderer Teilnahme zuwendet als je zuvor.«
Wie recht er hat! Erfahrenes ist gespeichert auf der Festplatte des Lebens und jederzeit abrufbar. Auch Menschen, die uns lieb waren und die nicht mehr

unter uns sind. Das ist der Reichtum der Jahre, bunt wie das Leben eben.
Und da keine Gruppe in unserer Gesellschaft so unterschiedlich ist wie die der Alten, gibt es auch keine wirklich gültigen Ratschläge. Man kann Altwerden nicht lernen. Es gibt Kindergärten, aber keine Altersgärten. So wie man gelebt hat, so wird man alt. Freilich, man kann viel lesen zum Thema. Tröstliches und auch Böses. Nicht nur von Hesse, auch von Cicero und Platon, Goethe, Nietzsche, Schopenhauer, Jaspers, Simone de Beauvoir, bis zu den Einlassungen der Anti-Ager unserer Tage, die uns zwar nicht ewige Jugend, dafür aber ewige Alterslosigkeit einreden wollen. Was uns um einen sehr individuellen Lebensabschnitt ärmer machen würde. Noch darf jeder auf seine Weise alt werden. Und am besten geht das, wenn man sich mit dem Alter und all seinen Begleiterscheinungen anfreundet. Auch mit den Spuren, die gelebtes Leben hinterläßt. Wer das nicht akzeptiert, wird sich zwischen Arztbesuchen, Töpferkursen, Kosmetikbehandlungen, forciertem Jogging und dem besorgten Blick in den Spiegel verlieren.
Es wäre wirklich schade um das Alter.

Bitte sprich lauter!

Alles beginnt schleichend: Die anderen sprechen zu leise, der Ton am Fernseher ist nicht in Ordnung, Schauspieler bringen ihren Text nicht richtig rüber und die Enkel hatten schon immer eine schlechte Aussprache. Was hast du gesagt? Bitte sprich deutlich, hier sind so viele Geräusche, am Nachbartisch wird so laut gelacht. An Argumenten fehlt es nicht, bis dann eines Tages mal einer sagt: Ich glaube, du bist schwerhörig!

Das klingt wie ein Urteil und eine Herabwürdigung zugleich. Der Schock ist groß. Wer kennt sie nicht, die Witze über schwerhörige Alte? Wer schlecht hört, wird leicht für dumm gehalten, macht Fehler. Ungehorsame Kinder werden mißbilligend gefragt: Hörst du schlecht? Oder: Hast du mich verstanden? Verwunderlich ist es nicht, wenn ältere Menschen die ersten Anzeichen einer Schwerhörigkeit verdrängen, wenn sie mit dem Kopf nicken, obwohl sie nicht wissen, was gesagt wurde, wenn sie Gespräche mit Nachbarn vermeiden und versuchen, sich »durchzumogeln«. Gutes erleben sie dabei nicht. In unserer kommunikationssüchtigen Gesellschaft, in der jeder jeden im Gespräch unterbricht oder übertönt, können sie nicht bestehen, werden an den Rand gedrängt, ernten Ungeduld, manchmal sogar Spott, wenn sie »wieder einmal nichts verstanden haben«.

Nach und nach isolieren sie sich, bleiben in der fröh-

lichsten Runde stumm, auch weil sie glauben, die anderen würden über sie reden. Frust und Mißtrauen kommen auf, sie fürchten, übergangen zu werden, und eine Kette von Mißverständnissen macht den Alltag schwierig. Nicht selten führt deshalb Schwerhörigkeit in eine Altersdepression.
Das alles ist beinahe tragisch und müßte nicht ganz so sein, wenn die Schwerhörigen sich schon bei ersten Anzeichen ärztlichen Rat holen und offen über diese Alterserscheinung sprechen würden, damit ihr Umfeld sich darauf einstellen könnte. Denn im Gegensatz zu Blinden sieht man Schwerhörigen oder Tauben ihre Behinderung nicht an, sie werden nicht bedauert, sondern für begriffsstutzig gehalten, auch wenn sie Hörgeräte tragen. Leider!
Und weil das so ist, muß die Altersschwerhörigkeit aus ihrer Isolierecke herausgeholt werden. Nicht die Schwerhörigen müssen die anderen verstehen, sondern umgekehrt. Damit nicht eintritt, was Immanuel Kant, der große Philosoph aus Königsberg, erfahren hat: Nicht sehen können trennt von den Dingen, nicht hören können von den Menschen. Treffender kann man das nicht sagen.

Der gute Geist in meinen Träumen

Kennen Sie das: in Ihrem Gedächtnis lebt ein Mensch, den Sie nie vergessen wollen? Ein guter Geist sozusagen?

Bei mir ist es ein Mann. Ich lernte ihn kennen, als er schon alt war. Er war ein schreibender Kollege. Immer trug er einen grauen Anzug, und immer blickten seine altersblauen Augen voller Interesse in mein Gesicht, wenn er mit mir sprach. Eindringlich, aber nicht belehrend klang seine Stimme, und doch so, daß ich stets bemüht war, keine Silbe von dem zu verpassen, was er sagte.

Wenn er uns Jüngeren auf dem Flur begegnete, nannte er uns beim Namen und verstand es, mit ein paar Worten die Stimmung zu heben. Durch eine Bemerkung zum Tagesgeschehen oder eine elegant formulierte Höflichkeit, die er mit einer kleinen Verbeugung begleitete. Courtoisie nannte man das in seiner Jugend, die er in einem gebildeten Elternhaus verbracht hatte.

Einmal erzählte er davon, und dabei verwandelte sich der kleine alte Herr in den kleinen, neugierigen Jungen, der er einmal gewesen war und der noch nicht wissen konnte, daß er zwei Kriege und eine Vertreibung erleben würde.

In einer dunklen Zeit, so hatten wir erfahren, hat er sich einmal gegen die Macht gestellt und wurde dafür bestraft. Aber er überlebte. »Fortan war ich frei«, das war sein Kommentar dazu. Der einzige,

den man jemals von ihm hörte, Zeitzeuge, der er war, zu jenen Vorgängen, über die andere so viel (auch Nichtssagendes) zu berichten haben.
So lernte ich ihn kennen, und so begleitet er mich bis heute: frei im Denken und frei im Schreiben. Einer, der das Elend und die böse Last seines Jahrhunderts weder verbittert noch gebeugt auf seinen schmalen Schultern trug. Ich kann es nicht anders sagen: Von ihm ging ein Leuchten aus, ein Leuchten, das wohl tat und Mut machte. Und bei all dem ist er jung geblieben. Auch seine Sprache blieb jung, ohne sich anzubiedern an neue Zeiten.
Ich gebe es zu, diesen Mann gibt es nur in meinen Träumen. Er setzt sich zusammen aus vielen, die mir begegnet sind. Heute bin ich fast so alt wie er. Aber er begleitet mich, ist mir noch immer gegenwärtig. Er zeigt mir, daß Alter einen Wert hat und daß man dafür selbst verantwortlich ist. »Auf die Haltung kommt es an«, sagte er immer, »auf die innere und auf die äußere. Vor allem dann, wenn sich die Jahre mehren.«
Er ist mein guter Geist geblieben, und ich hoffe von Herzen, daß auch Sie einen solchen haben. Und sei es nur im Traum.

Mal wieder Gäste einladen

Es kommt Besuch ins Haus. Wo ist nur das alte Wiegemesser für die Kräuter? Schon lange hat man es nicht mehr benutzt. Es stammt noch aus dem Haushalt der Mutter, die eine so gute Gastgeberin war. Viel zu lange hat man selbst nicht eingeladen. Warum? Eigentlich aus Bequemlichkeit. »Mach dir keine Arbeit«, heißt es immer. »Wir können uns doch im Lokal treffen.« Klar, denkt man, ist ja viel einfacher. Jeder ißt, was er mag, bleibt, solange es gefällt, und am Schluß zahlt jeder seine Zeche.
Eine Einladung nach Hause ist da schon etwas anderes. Heißt: überlegen, was anbieten, einkaufen, den Tisch decken. Und da beginnt es dann, das Abenteuer der Erinnerung. Ist das nicht die Tischdecke, die Großtante Anna mit Kreuzstichen bestickt hat? Wo sind die passenden Servietten mit dem Initial? Natürlich kommen heute die Gläser mit dem grünen Fuß auf den Tisch, und das Vorlegebesteck aus dem Haushalt der Großmutter braucht noch eine Behandlung mit dem Silberputztuch. Das Tablett für die Aperitifgläser auch.
All die schönen Dinge, die meist hinter Schranktüren verborgen sind, weil der Single-Haushalt nach und nach immer schlichter wurde, erzählen Geschichten, die mit Personen aus der Vergangenheit verbunden sind. Wie auch das Wiegemesser mit den Holzgriffen, womit die Kräuter für die grüne Sauce klein gehobelt werden. Natürlich könnte man auch

den elektrischen Mixer nehmen, aber irgendwie schmecken die Kräuter besser, wenn sie gehobelt werden. »Deine Sauce, ein Gedicht, wie früher«, werden die Gäste ein paar Stunden später ausrufen.
Wie früher? Ja und nein. Heute ist nicht früher, heute ist heute und manches anders. Die Vorbereitungen, die man vor ein paar Jahren noch sozusagen mit links bewerkstelligt hat, fallen schwerer. Unter den Freunden, die eingeladen wurden, fehlen ein paar, die Gesprächsthemen haben sich verändert. Aber ein Abend mit Gästen, die bewirtet wurden, die sich wohl gefühlt und das auch zum Ausdruck gebracht haben, ist noch immer etwas Wertvolles, etwas, woran man sich erinnern wird. So, wie man sich selbst an die Feste erinnert, die im Eltern- oder Großelternhaus gefeiert wurden. Und ein bißchen stolz kann man auch auf sich selbst sein, darauf, daß alles geklappt hat.
Solche Gedanken helfen dann, wenn alle gegangen sind und das große Aufräumen beginnt. Die Gläser wandern wieder in den Schrank, und das gute Geschirr ebenfalls. Die alte Küchenwiege für Kräuter allerdings wird nicht mehr in die hinterste Schublade gelegt, sie bleibt auf dem Küchentisch liegen, gleich neben dem Mixer.

Die zweite Altersvorsorge

Berühmte Männer haben nicht selten besonders kluge Mütter. Johann Wolfgang von Goethe zum Beispiel. »Heiterkeit ist die Mutter aller Tugenden«, soll Frau Aja, wie Catarina Elisabeth Goethe von ihren Freunden genannt wurde, gesagt haben. Und tatsächlich hat die »Frau Rath« stets versucht, sich und ihre Umgebung vor »Trübsinn und Schlechtmacherei« zu bewahren. Sie beherrschte ganz einfach die Kunst des Lebens und hatte immer ein Ohr für die Sorgen anderer. Ein großer und treuer Freundeskreis hat es ihr gedankt.

Und wir? Sind wir nicht manchmal geneigt, die Dinge des Alltags, vor allem die vermeintlichen Fehler der anderen, zu ernst zu nehmen? Da kann es dann schon mal passieren, daß Freundschaften auseinandergehen. Und das ist schade. Denn das Schöne am Altwerden ist doch, daß man es nicht alleine tut, daß die anderen auch älter werden. Auch diejenigen, mit denen man die Erinnerungen »an früher« teilen kann. Und weil das so ist, kann man mit ihnen auch über das Gegenwärtige reden, über die Freundin, die gerade nicht dabei ist, über Schwiegertöchter, Enkelkinder und Krankheiten.

Aber Freundschaft will gepflegt sein, auch dann, wenn es nicht paßt, denn sie ist eine existentielle Altersvorsorge. Eine, die nichts zu tun hat mit Riester-Rente und Lebensversicherung, auf deren Konto aber stetig eingezahlt werden muß: Liebe, Verständ-

nis, Geduld, Nachsicht und auch Hilfsbereitschaft. Bei den heute lautstark geführten Diskussionen um die materielle Absicherung im Alter wird nur zu leicht vergessen, daß es eben auch noch dieses zweite Konto gibt, das hohe Zinsen bringt für das, was jahrelang investiert wird.
Die Generation der heute Achtzig- und Neunzigjährigen hat es vorgelebt. Im Zweiten Weltkrieg sind Partner, Freunde und Geschwister umgekommen. Um so fester hielten die Überlebenden zusammen. Gleiche Schicksale und gleiche Erinnerungen haben sie verbunden. Die nächste Generation hat zum Glück andere Lebensläufe, und die Bindungen müssen sich noch bewähren. Aber es gibt sie: Nie auseinander gehen, ohne ein Wiedersehen zu verabreden, heißt es in einer festen Freundesrunde, und wenn alle schon gezahlt haben, bestellt einer oder eine noch einen »Fluchtschoppen«, der dann von Hand zu Hand geht.

Zu schade für die Parkbank?

Und was willst du jetzt tun? Das ist die meistgestellte Frage an frischgebackene Ruheständler. Meistens klingt das ziemlich herablassend. So als säße man in Zukunft nur noch auf der Parkbank und sei zu nichts mehr zu gebrauchen.

Dabei ist längst klar, daß ohne Alterskompetenz »ein Haus Europa« niemals gebaut werden kann. Immerhin spricht man schon davon, daß dieses Jahrhundert das Jahrhundert des Alters sein wird, und die heute junge Generation hat es in der Hand, diese demographische Veränderung zu ihren Gunsten zu beeinflussen. Nicht: »Alte raus«, sondern: »Alte rein« wäre das richtige Programm.

Mutig hat der Altersforscher Paul B. Baltes, Direktor am Max-Planck-Institut für Bildungsforschung in Berlin, bereits das Ende des Jugendkultes vorausgesagt und dafür plädiert, das Alter als wirtschaftlichen Zukunftsfaktor zu sehen, von dessen Ressourcen zu profitieren ist. Zwar falle es älteren Menschen mit den Jahren immer schwerer, Neues zu lernen, auch arbeite das Gehirn langsamer, doch könnten sie erworbenes Wissen zuverlässig einsetzen und gut aktualisieren. Außerdem, so Baltes, haben Ältere gelernt, Defizite auszugleichen, und darin liege ein großes Erfolgspotential. Am stärksten aber seien die Alten dort, wo Menschenkenntnis und Lebenserfahrung gefragt sind.

Beim Wiederaufbau der Bundesrepublik dabei gewesen zu sein ist nun mal etwas anderes, als darüber gelesen zu haben. Freilich, alt ist alt und jung ist jung. Realitätsfern darf ein Plädoyer für das Alter nicht ausfallen. Zwar heißt es, daß ein gesunder 75jähriger in der Regel kaum weniger leistungsfähig ist als ein gesunder 55jähriger, aber der Ältere mußte eben schon einiges dafür tun, um fit zu bleiben. Nicht alle sind dazu bereit. Der Faktor Gesundheit aber darf nicht unterschätzt werden, ebensowenig der soziale Faktor. Wer nicht neugierig, kontaktfreudig, körperlich wie geistig beweglich geblieben ist, kann nichts anfangen mit all seinen möglichen Fähigkeiten, weil sie keiner haben will. Wer also gut altern und somit auch dem Gemeinwohl nützen will, wie wir uns das für die Zukunft wünschen, für den heißt Altwerden nicht einparken, sondern noch einmal auftanken.

Nichts mit Parkbank also? Auch Parkbank! Auch dort lassen sich die Fäden spinnen, zu sich selbst und zu den anderen. Und vielleicht über einen Satz von Hermann Hesse nachdenken, der anno 1916 schrieb: »Wer den Weg der Reife einmal betreten hat, der kann nicht mehr verlieren, nur gewinnen.«

Erinnerung an den Krieg

»Wie war das damals im Krieg?« werden Großeltern immer wieder gefragt. Nach Fernsehbildern von Militäraufmärschen und Kämpfen im Nahen Osten wollen Enkelkinder wissen, wie es war, als in Deutschland die Bomben fielen.

Und da sind sie dann, die Erinnerungen an Todesangst, Hunger, rauchende Städte. Kindheit und Jugend in Zeiten des Krieges, erste Liebe, Abschiede, Flucht, das alles gehörte dazu. Was auch immer gewesen ist, alles hat Auswirkungen auf den Verlauf einer Biographie, alles gehört zum Leben.

Und neben den dunklen Stunden gab es auch solche, die hell aus der Vergangenheit herüberleuchten. Wenn Väter nach Hause zurückkehrten, wenn – wie durch ein Wunder – ein Schweinebraten auf dem Mittagstisch stand, wenn eine Großmutter mit Bonbontüte in den Luftschutzkeller kam oder ein kleines Mädchen zum fünften Geburtstag ein gelbes Plüschhündchen bekam, von dem es sich nie mehr trennen wollte.

Nach grausamen Bombenangriffen auf Städte und Dörfer, die Abertausende töteten oder obdachlos machten, folgte im Mai 1945 das Ende des Krieges. Der Frühling war warm und sonnig in diesem Jahr, und mit den Veilchen kam die Hoffnung zurück. Auch in den schönen Garten außerhalb einer Stadt, in dem fünf Kinder spielten.

Ein vorausschauender Großvater hatte dafür ge-

sorgt, daß sie zusammen mit ihren Müttern die Wohnungen im Zentrum verlassen hatten. So waren sie dem Bombardement entgangen, auch das gelbe Hündchen, und spielten »Vater, Mutter, Kind«, wie es alle Kinder zu allen Zeiten auf dieser Welt spielen. Sie wußten nicht, daß der eine Soldaten-Vater bereits auf dem Heimweg zu ihnen war und der andere erst zehn Jahre später aus der Kriegsgefangenschaft zurückkehren würde. Sie wußten aber, daß sie sich geborgen fühlen konnten in dem großen Garten. Nie haben sie diesen sonnigen Frühling vergessen. Auch die wunderliche Wohngemeinschaft im großen Haus nicht, wo »Ausgebombte« Zuflucht gefunden hatten, eine uralte Baronin Kartoffeln schälte, ein Neugeborenes weinte und eine Großmutter lebhaften Tauschhandel betrieb, um für alle im Haus Lebensmittel zu organisieren.
So haben die fünf erlebt, was Menschen zusammenhält, wenn eine große Katastrophe vorüber ist, daß es oft die kleinen Dinge sind, die zählen. Sie haben ihren Kindern und Enkeln davon berichtet, und auch das gelbe Hündchen spielte dabei immer wieder eine Rolle.

Loben statt meckern

Hat Ihnen in letzter Zeit mal jemand gesagt, daß das, was Sie tun, gut ist, vielleicht sogar sehr gut? Wenn ja, dann können Sie sich zu den Ausnahmen zählen. Wahrscheinlich aber gehören auch Sie eher zu den Ungelobten im Lande, zu den Schattenblühern, die zwar immer wieder ihre Talente entfalten, aber kaum wahrgenommen werden.

Gerade von Älteren wird immer wieder erwartet, daß sie bereit sind, sich einzusetzen, daß sie hilfreich und rasch zur Stelle sind, wenn sie gerufen werden. Anerkennung wird ihnen dafür allerdings höchstens pauschal zuteil, meistens dann, wenn vor den Kommunalwahlen der Dank an die ältere Generation abgestattet wird, nachdem man sie kurz vorher noch als »Rentenlast« bezeichnet hat. Individuelles Lob nämlich ist ein seltenes Gut geworden, denn hierzulande wird mehr gemeckert als gelobt. Das ist schade und außerdem unwirtschaftlich. Schließlich ist erwiesen, daß Lob für gute Arbeit gewaltig motivieren, ja sogar glücklich machen kann. Egal, ob im Büro, in der Familie oder im Ehrenamt.

Freilich wissen wir auch, daß Lob nicht abrufbar ist und nicht pauschal gespendet werden darf, sondern gezielt für eine bestimmte Tätigkeit. Und da, so scheint es, liegt das Lob begraben. Wer interessiert sich heute wirklich noch dafür, was andere leisten? Schmeicheleien ja, die kommen locker daher. Im Vorübergehen sozusagen. »Wirklich toll, was Sie da machen. Was war es doch gleich?« Auf solche Sprüche aber sei gepfiffen. Sie sind wie Falschgeld. Und weil das so ist, leiden viele unter uns an mangelnder Anerkennung. Leider gerade auch ältere Menschen. Die ständigen Diskussionen über die demographische Entwicklung, die als »graue Zukunft« schwarzgemalt wird, macht sie verletzlich, trägt dazu bei, daß sie sich ungeliebt und nutzlos fühlen. Mehr Wertschätzung – um das gute alte Wort zu gebrauchen – wäre hier angebracht. Ein anerkennender Blick, persönliches Interesse, ein Zeichen dafür, daß man ihre Gesellschaft sucht. Das alles sollten wir uns wieder öfters leisten als ein Stück sozialer Kultur, das nicht ganz aus unserem Alltag verschwinden darf.

Und außerdem: Wer andere anerkennt, wird auch selbst anerkannt, wer anderen zuhört, findet auch Zuhörer für sich selbst, und wer anderen Respekt erweist, wird selbst respektiert. Eigentlich alles sehr einleuchtend. Fangen wir mit dem Loben an.

Reisen und heimkommen

Reisen, um Neues zu erleben, das ist schon immer der Traum der Menschen gewesen. Man denke nur an die großen Reisenden der Vergangenheit, deren Fernweh und Abenteuerlust wir die schönsten Werke zu verdanken haben. Von Goethe bis Fontane, von Mark Twain bis Sven Hedin, viele Namen fallen uns da ein.

Hat sich auch die Form des Reisens gewaltig verändert, die Lust daran ist die gleiche geblieben. Regelmäßig werden Koffer gepackt, nach dem Ende der Familienpflichten und der Berufstätigkeit immer öfter. Nachholen, wofür früher keine Zeit blieb, das ist der eine Grund; Abstand gewinnen, ohne Pflichten und Verpflichtung sein, der andere. Und manche ergreifen ganz einfach die Flucht. Vor sich selbst und vor dem nächsten Geburtstag. Weg, nur weg! Wenn man älter wird, zählt jeder Sommer. Also reist man ihm hinterher. Denn wer erst einmal weg ist, fühlt sich frei und um Jahre jünger. In fremden Ländern, unter fremden Menschen, von Kunst und Kulturen der anderen beeindruckt, fallen die Jahre von uns ab, verliert das Alter viel von seinen negativen Seiten. Alles ist wieder möglich.

Noch schöner aber ist es, wieder nach Hause zu kommen. »Das Beste am Verreisen ist das Heimkommen«, sagt eine ältere Dame, die mindestens zweimal im Jahr auf große Tour geht. »Solange das so ist, weiß ich, daß mein Leben stimmt.«

Und sie hat recht. Wir alle kennen sie, die Freude der Heimkehr, der Ankunft am Flughafen oder am Bahnhof, wenn wir Ausschau halten: Wer wird da sein? Wer sieht wen zuerst?
Oder der wunderbare Augenblick, wenn wir den Schlüssel im Schloß der Wohnungstüre umdrehen. Wieder daheim. Alles vertraut. Geborgenheit. Wo ist die Post, wer hat angerufen?
Heimkommen gehört zum Wegsein. Und wer gern heimkommt, kann mit seinem Leben zufrieden sein. Wer Trennung gesucht hat und sich auf das Wiedersehen freut, auch. So können Reisen lange nachwirken. Nicht nur durch Urlaubsfotos und Erinnerungen an Sehenswürdigkeiten, sondern auch durch die Freude des Wiedersehens und die Freude am Gewohnten.
Reisen wir also, um wieder heimzukommen.

Vor dem Sturz, nach dem Sturz

Unfälle verändern das Leben von einer Sekunde zur anderen. Stürze zum Beispiel. Sie sind die große Angst der Alten.

Da ist erst einmal der gewaltige Schreck schon beim Hinfallen: Jetzt hat es dich also auch erwischt! Dann der Aufenthalt im Krankenhaus, eventuell ein paar Wochen in einer Reha-Klinik und schließlich die Rückkehr, wenn alles gutgegangen ist. Nach Hause oder zurück in das Seniorenheim. Dort gibt es viele, die schon gestürzt sind. Und wie man aufgenommen wird in diesen »Kreis der Gestürzten«, das beschreibt Heinrich Albertz, bekannt als Autor und politisch denkender und handelnder Pfarrer der Bekennenden Kirche, der gemeinsam mit seiner Frau in Bremen in einem Seniorenheim lebte, wo er 1993 starb.

In seinem Buch »Am Ende des Weges« denkt er über das Alter nach und berichtet über seinen Alltag unter alten Menschen. »Erst jetzt, nach dem Sturz, gehöre ich wirklich dazu«, stellt er fest. »Und ich sehe mit großem Respekt, wie die anderen mit viel größeren Schwierigkeiten umgehen. Die Frauen und Männer im Rollstuhl und jene, die an zwei Stöcken gehen müssen«, schreibt er über seine Rückkehr aus dem Krankenhaus ins Heim, wo ihn ein leichter Schlaganfall zu Fall gebracht hatte. Und er gibt zu, daß »ein gewisser Hochmut« verflogen sei, der ihn früher manchmal habe ungeduldig reagieren lassen, wenn es bei anderen zu langsam voranging beim Einsteigen in den Fahrstuhl, beim Einkaufen am Kiosk, im Speisesaal. Erleichtert registriere er Stühle zum Ausruhen in einem Geschäft oder in seiner Bank, die ihm vorher niemals aufgefallen seien.

Das Signal seines Sturzes, so Heinrich Albertz in seinem Buch, sei sehr hilfreich gewesen. Er genieße seitdem jeden Tag als Geschenk. Daß er Weihnachten feiern durfte wie immer und daß er Freunde empfangen konnte wie immer.

Andere kommen nicht so gut davon. »Vor dem Sturz konnte ich noch ohne Hilfe in den Garten gehen«, sagt ein alter Mann, »jetzt bin ich sehr ängstlich geworden auf der Treppe.« Und nicht nur das. Er ist auch traurig, fast depressiv. »Vor dem Sturz – nach dem Sturz« so teilt er sein Leben jetzt ein und traut sich vieles nicht mehr zu. Es sind eben nicht nur die Knochen, die brechen, auch das Selbstbewußtsein hat einen Bruch erfahren, und die Seele leidet mit.

All jenen, die in diesen Tagen stürzen oder schon gestürzt sind, ist deshalb zu wünschen, daß sie die Signale ihres Sturzes so für sich nutzen, wie es Heinrich Albertz getan hat.

Lieder der Kindheit

Zu jeder Zeit und in jeder Kultur haben Menschen Musik gemacht. Schon die Bibel erwähnt »Psalter und Harfe«, und wir alle haben einen Schatz an Melodien und Texten in uns, der von Erinnerungen getragen wird. Kirchenlieder spielen dabei eine große Rolle, aber auch die Lieder der Kindheit und Jugend. Denn Lieder, die man als Kind gelernt hat, vergißt man nicht. Das Langzeitgedächtnis, so die Wissenschaft, reproduziert bis ins hohe Alter Texte und Melodien, vor allem, wenn sie mit Stimmungen verbunden sind. Wir spüren das, wenn uns beim Zuhören Vergangenes wie eine Welle überspült.

Vor allem Menschen im Alter werden von solchen Emotionen erfaßt, und sogar Altersdemenz lichtet sich vorübergehend, wenn Melodien aus der Vergangenheit die Nebel durchdringen, die das Bewußtsein Hochbetagter trüben. Denn Musik erreicht die Tiefenschichten des Gehirns und kann die Zellen mobilisieren.

Aber auch im geschäftigen Alltag begleitet uns die motivierende Macht der Musik. Ein Lied zu summen kann die Stimmung heben. Ein paar flotte Takte aus dem Radio, und schon geht die Arbeit besser von der Hand. Und was ist zum Entspannen besser geeignet als Musik, egal ob Klassik oder Rock? Ihr Einfluß auf Körper und Seele ist heute wissenschaftlich nachgewiesen und Grundlage moderner Musiktherapie in vielen Lebenssituationen, bei Trauer und

bei Schmerz. Auch Stimmungstiefs können so reguliert so werden.
Warum also nicht mal wieder singen, vielleicht sogar im Chor? Mehr noch als alle anderen Musikinstrumente ist es die Stimme, die Gefühle auslöst, beruhigt oder herausfordert. Außerdem wirkt Singen befreiend und aktivierend, weil dabei der Stoffwechsel angekurbelt wird. Und warum nicht die Flöte oder Gitarre hervorholen, sich wieder mal ans Klavier setzen? Ein Instrument zu spielen ist ein wunderbares Training für Körper und Geist: Die grauen Zellen profitieren davon, die Motorik der Finger ebenso. Was aber fast noch mehr zählt und wovon alle berichten, die sich darauf eingelassen haben, ist das beglückende Gefühl beim Musizieren, egal ob als Neuling oder als Wiedereinsteiger.
Übrigens, es gibt Text- und Notenbücher; wer hineinschaut, wird sich wundern, was noch alles im Kopf gespeichert ist. Und die Blockflöte übenden Enkelkinder staunen nicht schlecht, wenn Großvater oder Großmutter in die Tasten oder Saiten greifen und dazu ein Solo schmettern.

Mode und Lebensart

Wippender Pettycoat, Caprihosen zum Pferdeschwanz, die Twinsetjacke auf dem Rücken geknöpft, später A-Linie, Minirock, Maxi-Look, alles haben wir mitgemacht. Die Mode war ein Thema in den Jahren des Wirtschaftswunders, witzig und oft sehr elegant. Man trug noch Kleider, Cocktailkleider, Abendkleider. Nicht zu vergessen: das »kleine Schwarze«. Die Roben von Audrey Hepburn oder Jackie Kennedy galten als Vorbilder. »Elegante Welt«, »Constanze«, »Film und Frau« waren Titel vielgelesener Zeitschriften, und in den Modegeschäften wurde man ausführlich beraten vor Spiegelwänden in geräumigen Anprobekabinen.

Und heute? »Das paßt«, sagt die junge Verkäuferin und blickt dabei in den Spiegel, vor dem die ältere Dame in einem rosaroten Kostümchen steht, dessen Rock kaum bis zu den Knien reicht und dessen schmales Jäckchen unübersehbar am Rücken kneift. Dabei zupft sie mal kurz an ihrem eigenen knappen Shirt, das ein winziges Stückchen des strammen Oberbauches frei läßt. Sie ist mit ihrem Anblick höchst zufrieden. Die Kundin vor dem Spiegel mit ihrem nicht. »Haben Sie das eine Nummer größer und vielleicht in Dunkelblau?« fragt sie. »Wir führen nur bis Größe 40, und Pink ist die absolute Modefarbe«, kommt die Antwort.

»Pech gehabt«, denkt die Dame und geht. Zurück nach Hause, wo sie noch vor zwei Stunden festgestellt hat, daß sie unbedingt etwas Neues zum Anziehen braucht. Denn Alter schützt vor Mode nicht, und Kleider machen nicht nur Leute, sie machen auch Laune. Neue Kleider ganz besonders. Aber wo sie finden, wenn die Jahre ihre Spuren hinterlassen haben? Es scheint, als hätten die Designer der ganzen Welt keine Mütter und Großmütter, als hätten sie sich gegen die reiferen Damen verschworen. Zwar sind sie inzwischen weg vom Kittelschürzen-Look, der jahrzehntelang den Älteren genügen sollte. Aber befriedigend ist die Auswahl noch immer nicht. Zumindest nicht zu erschwinglichen Preisen. Und das ist unverständlich, denn der Anteil modebewußter Männer und Frauen, die in die Jahre kommen, steigt beständig. »Wenn ich mich mal nicht mehr für Mode interessiere, könnt ihr mich abschreiben«, sagt eine langbeinige Siebzigerin in Hosen, eleganten Schuhen und passenden Accessoires. »Leider wird es immer schwieriger, mal etwas Flottes zu erwischen, das auch dem Alter gerecht wird. Aber ich gebe nicht auf.«

Wie schön, das zu hören! Und wie schön, auf der Straße, im Restaurant oder im Theater, zwischen all den Jeans- und Turnschuhgestalten elegant gekleideten älteren Menschen zu begegnen. Sie zeigen uns, daß gut angezogen sein etwas mit Lebensart zu tun hat. Ich kenne eine alte Dame, die stets ein Hütchen und Handschuhe trägt. Inzwischen schiebt sie einen Gehwagen, aber ihre Eleganz ist unübertroffen.

Ein Recht auf trübe Gedanken

»Du siehst heute aber gar nicht gut aus, stimmt etwas nicht?« Wer so angesprochen wird, fühlt sich ertappt und wehrt sogleich heftig ab. Dabei hat die Feststellung voll ins Schwarze getroffen. Aber wer will das schon zugeben?

Fröhliche Menschen sind gefragt in unserer Gesellschaft. Schön und gut muß alles sein. Paletti eben. Vor allem die Alten sollen keine Probleme machen. Und sie haben verstanden.

Während uns die Demoskopen täglich mit drohendem Unterton den wachsenden Anteil der Senioren und Seniorinnen an der Gesamtbevölkerung als »Alterslast« vorrechnen, stoßen wir überall auf Achtzigjährige, die voller Aktivität unterwegs sind: zu Verabredungen, Versammlungen, Kursen, zu Kindern, Freunden und Kollegen. Immer gut drauf. Man will schließlich dazugehören, Probleme werden verdrängt, traurige Gefühle auch, Angst vor der Zukunft gar ist nicht erlaubt. Niemand will Spielverderber sein.

Aber: Haben ältere Menschen nicht ein Recht darauf zu hadern – mit der Schwerhörigkeit, mit den Schmerzen im Knie, damit, daß sich die Kinder und Enkel immer seltener melden? Die Summe der Jahre drückt eben manchmal, hat verletzlich gemacht. Die Hoffnung, daß Wünsche noch in Erfüllung gehen, nimmt ab. Die Angst vor einer Zukunft in Abhängigkeit dagegen nimmt zu. Nichts ist paletti für sie an manchen Tagen.

Wer aber will das hören? Die Jungen nicht und die Altersgenossen schon gar nicht. Die haben mit sich selbst zu tun. Wo also kann man sich noch »aussprechen«, wenn niemand Zeit hat zum Zuhören? Gerade im Herbst, der Zeit des Übergangs, ist es erlaubt, sich Ängste einzugestehen, trübe Gedanken zuzulassen.
Zum Glück gibt es die Dichter, die uns mit Trost beschenken, wenn wir uns mit ihnen zurückziehen, um eine Reise zu uns selbst zu unternehmen. Wie gut, wenn man wenigstens ein paar Zeilen der schönsten Herbstgedichte auswendig kann und den richtigen Band zum Nachlesen im Bücherschrank findet. Wer das Dunkel dann durchschritten hat, vielleicht auch mit Hilfe der Religion, kann gelassen um sich blicken, Wichtiges von Unwichtigem unterscheiden, auch Einsamkeit aushalten und somit verzichten auf die gut gemeinten Ratschläge der vorüberhastenden Freunde, die da »Kopf hoch, wird schon werden« rufen und gar nicht richtig stehen bleiben, weil sie schon unterwegs sind zum nächsten wichtigen Termin.

Späte Lust am Lernen

Man soll sich weiterbilden als alter Mensch, sagen die Jungen. Nicht stundenlang vor dem Fernseher hocken, sondern Gespräche führen, sich interessieren für Neues und vor allem für andere.
Ja, wie denn bitte, fragt man sich da, wenn man alleine lebt, wenn der Tagesschausprecher und die Serienhelden die häufigsten Besucher im Wohnzimmer sind. Aber dann sieht man doch ein, daß man etwas tun sollte. Wer rastet, der rostet, heißt es schließlich so schön. Also los! Wir leben in tollen Zeiten. Jeder kann alles, es kommt nur auf uns selbst an, sagen die Motivations-Gurus und lassen ihre Fans, die große Auditorien füllen, Ur-Schreie ausstoßen. Das soll zu ganz neuen Aktivitäten führen. Fragt sich nur noch, wo und wie wir uns einbringen wollen. Ein Gang in die Buchhandlung ist da hilfreich. In der Ratgeberecke finden wir eine Fülle von Angeboten. »Wie ich meinen Balkon selbst fliesen kann«, oder: »Wo finde ich die schönsten Muster für meine Patchworkdecke?«, »Kosmetik selbst gemacht« gibt es in zwei Variationen, und vor dem Ständer mit den Vorschlägen für »Wellness zu Hause« ist ein Stau Interessierter. Also vorbei an den Gesundheits-Ratgebern, die uns sagen, daß wir von Arthrose bedroht sind und zur Zielgruppe der Alters-Diabetiker gehören, hin zu »Computer und Internet für Senioren«. Hier sind wir richtig. Jedenfalls nach dem Titelbild zu urteilen, das gutaussehende Oldies zeigt, die verzückt auf ei-

nen Bildschirm starren. Man könnte neidisch werden. Beim ersten Blick in das Ratgeberbuch, das freundlich zu »Computerfreunden« spricht, fühlt man sich noch zuversichtlich, beim Inhaltsverzeichnis mit all den vielen fremden Begriffen wird man allerdings skeptisch. Muß das sein? Muß man das alles können, nur weil man dazu gehören will? Warum nicht Literatur, Kunstgeschichte, Archäologie, das hat mich doch immer interessiert, fragt sich der lernwillige Senior.

Wer so denkt, ist nicht allein. Immer mehr alte Menschen erfüllen sich späte Bildungswünsche: als Gasthörer an den Universitäten, an Volkshochschulen und Einrichtungen der Erwachsenenbildung. Viele wollen sich Wissen aneignen, um mehr Klarheit und Sicherheit im Urteil zu gewinnen und um Zusammenhänge zu verstehen, die sie schon lange bewegen. Manche denken auch an die wißbegierigen Enkelkinder, für deren Fragen die Eltern keine Zeit haben.

So oder so, sie hat schon was für sich, die späte Lust am Lernen. Früher lernte man »für das Leben«, im Alter nur für sich selbst. Und das ist ein Luxus, den man sich leisten sollte. Cicero, von dem ein fiktives Gespräch mit Solon über das Alter überliefert ist, läßt den großen Gesetzgeber Athens sagen, er werde alt, indem er täglich etwas dazulerne. – Das war vor mehr als zweitausend Jahren.

Großmutter und Enkel

Anton ist sieben und liebt Kopfbedeckungen. Zur Zeit einen grauen Mädchenhut, den er auf einem Flohmarkt erstanden hat. Anton liest auch gerne. Wenn er bei seiner Großmutter zu Gast ist vorzugsweise die alten Micky-Maus-Büchlein, die noch von seinem Vater stammen. Alles was Walt Disney und seinen Zeichnern da über Onkel Donald, seine Neffen sowie den genialen Daniel Düsentrieb einfiel, versteht er zwar nicht, aber er arbeitet sich systematisch durch die Sprechblasen. Mit dem Hut auf dem Kopf in der Sofaecke sitzend, ist er für die Welt verloren. Speziell für die Welt der Großmutter, die vor ihm steht und mit ihm reden will. Sie hat einer kranken Freundin einen Besuch versprochen, und Anton soll mitkommen. Was sie nicht weiß ist, daß Anton beschlossen hat, seinen Nachmittag lesend auf dem Sofa zu verbringen und Störungen großmütterlicherseits, mit denen seiner Erfahrung nach zu rechnen ist, zu trotzen. Der Hut auf seinem Kopf gibt ihm Stärke.

»Anton, wir müssen weg«, verkündet die Großmutter. Keine Antwort »Anton, wir müssen weg«, versucht sie es noch einmal und greift nach dem Buch. Es folgt ein Aufschrei aus der Sofaecke. »Wir müssen Tante Alma besuchen. Sie wartet auf uns. Ich hab's versprochen, und was man versprochen hat, muß man halten.« »Du hast auch versprochen, daß ich lesen darf«, klingt es unter dem Hut hervor.

»Darfst du ja auch, aber nicht den ganzen Nachmittag.« »Ich will aber nicht zu Tante Alma«, schreit der Hut. Großmutter weiß, wann Bestechung angesagt ist. »Wenn du mitgehst, gibt es ein Eis.« »Und auf dem Rückweg noch eins«, fordert der Hut. Großmutter wittert Nachlassen des Widerstandes und will die Gunst der Minute nutzen: »Gut! Die komische Kopfbedeckung lassen wir dann aber zu Hause.« Der Kopf mit dem Hut hebt sich, das Kinn darunter reckt sich energisch. »Der Hut geht mit.« »Dann gibt es nur ein Eis.« Die Verhandlungen werden unterbrochen, weil Anton nachdenken muß, und das kann er am besten auf dem Klo. Mit Micky Maus. Inzwischen ruft Großmutter Tante Alma an und erklärt, daß man sich vermutlich etwas verspäten werde.

Nach einer knappen halben Stunde sieht man Großmutter und Enkel auf den Eisladen zusteuern. Anton mit dem grauen Hut auf dem Kopf und dem Micky-Maus-Buch unter dem Arm, die Großmutter ebenfalls mit Hut. Einem ziemlich schrecklichen. Das war ihr entscheidendes Zugeständnis. Anton hatte gefordert: »Zwei Eis, mein Hut und du setzt auch einen auf.«

Großmutter fand, daß die Niederlage zu verkraften war, und Tante Alma sagte, daß Anton gewachsen sei.

Wichtig ist der Augenblick

Wieder hat jemand Geburtstag. Vielleicht sogar einen runden. Wieder einmal wünschen wir Glück. Viel Glück. Und das, obwohl »Geburtstag« immer auch heißt: »älter werden«. Mancher rechnet vielleicht: Jetzt habe ich nur noch soundsoviele Jahre vor mir, und denkt dabei an Krücke und Altersheim. Dabei vergeht einem die Freude am Ehrentag. Und das ist schade. Denn erstens sollte man Geburtstage feiern: je älter man wird, desto intensiver. Und zweitens: Leben heißt nun einmal sich verändern, und dazu gehört auch älter werden. Und bringt das Alter nicht auch Ansehen, Durchblick, Übersicht, Genußfreude und Gelassenheit? Es sind ja nicht nur die Jahre, die zählen; es ist immer auch der Augenblick. Da findet das Leben statt, auch das Glück, das wir uns so wünschen.

Viele suchen es in allen Richtungen, nur nicht bei sich selbst. Oder sie warten auf das Bessere und Schönere, das vielleicht morgen kommt. Und dabei verpassen sie die kleinen Freuden, die es zu sehen, zu schmecken, zu hören und zu fühlen gilt. Augenblicke sind das, die man sich zu kleinen Festen machen kann. Die Zutaten finden wir in uns. In jungen Jahren werden sie nicht wahrgenommen, denn im Alter zwischen 30 und 50, so heißt es, erleben die Menschen eine Zeit, in der sie die meiste Verantwortung tragen. Ihr Leben ist geprägt von Zwängen und Zielen. In späten Jahren haben sich die Dinge des

Lebens verändert, dann gewinnen diese Augenblicke Strahlkraft und Wärme, eine neue Art von Glück macht sich bemerkbar. Nicht erhältlich als Gratisbeigabe zum Alter, aber zu erwerben, wenn die Antennen ausgefahren sind für Dinge, die früher nebensächlich waren.

»Ich bin ganz gerne alt«, sagt eine ehemalige Lehrerin beim runden Geburtstag und zählt Dinge des Alltags auf, die sie genießt. Die seien zwar früher auch schon da gewesen, aber da habe sie sie nicht zur Kenntnis genommen. Heute speichere sie Augenblicke, die sie mit allen Sinnen wahrnehme. Vieles spiele dabei eine Rolle: blühende Bäume, Regen und Sonne, Stille in der Nacht, Musik, eine Stunde vor dem offenen Bücherschrank und natürlich die Begegnung mit Menschen, die diese Stimmungen mit ihr teilen. All das trage dazu bei, den Jahren Gutes abzugewinnen. Und außerdem, schon Kafka habe gesagt: Jeder, der sich die Fähigkeit erhalte, Schönes zu erkennen, werde niemals alt.

Ein Baum mit vielen Ästen

Das Dumme am Altwerden ist, daß man keine Erfahrung damit hat. »Ehe es uns selbst erreicht, ist Alter etwas, das nur die anderen betrifft«, schreibt Simone de Beauvoir.

Wie wahr! Man merkt den Verschleiß, hört, wie über Alte gesprochen wird, und eines Tages stellt man fest, daß man selbst gemeint ist. Was tun? Auf keinen Fall weiterlesen in Simone de Beauvoirs umfangreicher Abhandlung mit dem Titel »Das Alter«, denn es verbreitet zuviel Pessimismus; auch nicht bei Max Frisch nach Passendem suchen, denn er nennt die Alten »die Gezeichneten«, was auch nicht gerade ermutigend ist. Besser, wir halten Ausschau nach den positiven Nachrichten und Beispielen. Und von denen gibt es genug. Etwa die Italienerin Rita Levi Montalcini, die hierzulande kaum jemand kennt. Mit weit über siebzig hat sie für ihre neurologischen Forschungen den Nobelpreis für Medizin bekommen und mit neunundachtzig ein wunderbares Buch über die Chancen des Alters geschrieben. Darin erklärt sie, wie unser Gehirn auch in späten Jahren noch bestens funktionieren kann, indem es den Verlust der Zellen durch bessere Nutzung der verblieben ausgleicht, sich ständig veränderten Bedingungen anpaßt: »Neue Verästelungen und alternative Schaltkreise entstehen.« Zwar werde unser Aussehen vom Verfall beeinflußt, nicht aber in gleichem Maße unser Gehirn, sofern keine Krankheit

vorliege und sofern wir es nutzen. »Ich bin ein Baum mit vielen Ästen«, so nennt sie folgerichtig ihr Buch, in dem sie alten Menschen rät, intensiv zu leben, den Kopf zu trainieren und das zu tun, was ihnen Spaß macht. So können sich Qualitäten entwickeln, die im Alter noch überraschen und die den späten Jahren ein unerwartetes Strahlen schenken. Denn im Gegensatz zu dem, was für alle anderen Organe gilt, führt der ständige Gebrauch nicht zu Abnutzungserscheinungen, sondern stärkt das Gehirn und weckt Fähigkeiten, die im Strudel der Tätigkeiten in den früheren Phasen des Lebens nie beachtet worden sind. Als Beweis erzählt sie von berühmten Menschen, die ihre Theorie stützen, und dabei begegnen uns Michelangelo, Galilei Galileo, David ben Gurion, Bertrand Russell und Pablo Picasso. Niccolo Machiavelli zitiert sie mit folgendem Satz: »Ich meine, daß das Schicksal die Hälfte unserer Handlungen bestimmt, aber über die andere Hälfte läßt es uns selbst entscheiden.«
Auch das Alter in seinem Verlauf, so möchte man weiterdenken, ist nur zur Hälfte schicksalhaft, die andere Hälfte können wir beeinflussen. Pflücken wir also die Früchte von den Ästen des Altersbaums, sie sind die Ernte, die uns zusteht.

Schönes Wochenende

Am siebten Tage sollst du ruhen – mit diesen Worten schenkte Gott der Menschheit den freien Tag in der Woche. Daraus ist inzwischen das freie Wochenende geworden, denn vor etwa fünfzig Jahren machten sich die Gewerkschaften daran, Gott sozusagen zu übertrumpfen, indem sie den arbeitsfreien Samstag erstritten.
Eingebettet zwischen Freitag und Sonntag, beginnt er mit einem Frühstück, das auch bei denen, die nicht mehr berufstätig sind, ein bißchen gemütlicher verläuft, als das am normalen Wochentag der Fall ist. Dazu trägt schon die Tageszeitung bei. Der Reiseteil versucht dem Feuilleton die Leser abspenstig zu machen, der Sportteil bereitet auf das Wochenende vor, die Veranstaltungshinweise und der Wetterbericht werden mit Blick auf die eigenen Vorhaben gelesen. Haben die Geräusche auf der Straße nicht schon etwas von der sonntäglichen Ruhe? Noch nicht ganz, denn die Einkäufer starten ihre wöchentliche Tour. So sind die Stunden des Samstags – auch für Alleinlebende – verplant. Und sie laufen auf den Abend zu, der meist etwas bietet, worauf man sich freuen kann: Freunde treffen, ins Theater oder Kino gehen, und wenn das nicht klappt, mindestens eine besondere Fernsehsendung anschauen – eine, von der man weiß, daß Millionen sie sehen werden. Allerdings viele allein. Denn ein Drittel aller Haushalte in unserem Land wird von Einzelpersonen geführt.

So gleitet der Samstag in den Sonntag. Für die, die eingebunden sind in ihre Kirchengemeinde, beginnt er mit dem Besuch der Sonntagsmesse positiv. Dann aber dehnen sich die Stunden. Mittags um drei ist ein Tief erreicht. Geht man spazieren, trifft man fast nur Familien und Paare. Die, die einzeln unterwegs sind, wirken irgendwie verloren. Der Druck des Sonntags lastet auf ihnen. Nach Hause zurückgekehrt, ist die Stille hörbar. Niemand hat angerufen, selbst will man sich nicht melden. Bei den Kindern schon gar nicht. Die haben Verabredungen oder fühlen sich gestört. Am frühen Abend dann entspannt sich die Situation. Sportübertragungen im Fernsehen oder eine populäre Serie wecken die Lebensgeister, die Schauspieler oder Moderatoren sind wie vertraute Gäste. Und mit der ersten Nachrichtensendung zeichnet sich das Abendprogramm und damit das Ende des Wochenendes ab.
»Ob man den Sonntag ohne blaue Flecken auf der Seele übersteht«, sagte neulich eine alte Dame, »ist eine Frage der Einstellung. Manchmal wasche ich Wäsche oder räume Schubladen auf und freue mich am Nachmittag schon auf den Montag.«

Kartoffelsalat und alte Geschichten

Keine Lust mehr am Kochen haben viele Frauen, die jahrzehntelang täglich zwei Mahlzeiten für ihre Familien auf den Tisch gebracht und zu Weihnachten eine Gans so kunstvoll gefüllt haben, daß sie für zweimal reichte. Ohne Spülmaschine standen sie stundenlang in der Küche und fragten sich oft, warum das Leben so war, wie es war: Zwei Stunden kochen, zwanzig Minuten essen und sonntags meistens noch Krach, weil der Familienvater glaubte, ausgerechnet bei Schweinebraten und Klößen seinen Erziehungspflichten nachkommen und Tischmanieren seiner Kinder anmahnen zu müssen, die sich möglicherweise während der Woche etwas abgeschliffen hatten.

Heute leben viele dieser Frauen allein in einem altersgerechten Appartement. Die Küche ist klein, aber mit allem ausgestattet, auch die Spülmaschine fehlt nicht. Gespült und gekocht wird hier aber nicht viel. Denn was man früher »mit links« gemacht hat, klappt nicht mehr so richtig. Die Zutaten und die Küchengeräte sind anders, vor allem auch die Herde und Backröhren. Und außerdem: »Für mich alleine lohnt sich das nicht.«

Manchmal aber kommt doch noch jemand zum Essen. Ein Enkel – er ist Student und er kommt gerne. Er liebt Großmutters Kartoffelsalat und hört gerne alte Geschichten. Über sich, als er noch klein war, seine Eltern, Erinnerungen an alte Häuser und alte

Gärten. Er fragt und hört zu, nimmt noch eine Portion und freut sich auf den Nachtisch, Schokoladenpudding, richtig mit Milch gekocht, und dazu Vanillesauce.
Und dann fragt er noch, wie es war, als Großvater krank aus dem Krieg nach Hause kam, vor dem zerbombten Haus stand und nicht wußte, ob die Familie noch lebte. In einer Fernsehsendung hat er eine Dokumentation über die Nachkriegszeit in Deutschland gesehen, das hat ihn neugierig gemacht. Und so kommen zum Kartoffelsalat noch alte Geschichten. Geschichten, die von der Familie erzählen in einer Epoche, die viel Leid mit sich brachte und die deshalb lange niemand hören wollte.
Dem Enkel wird klar, daß seine Großmutter zu jenen Frauen gehört, die Väter, Brüder und Ehemänner im Krieg verloren, die Heimgekehrten getröstet und die Trümmer aufgeräumt haben. Wie hat sie das damals alles geschafft?
Das fragt sich die Großmutter auch, und sie stellt fest, daß das in dem halben Jahrhundert, das seitdem vergangen ist, noch nie jemand von ihr wissen wollte.

Verlorene Kunst des Plauderns

Seine berühmten Romane schrieb Theodor Fontane erst im Alter, nachdem er bereits ein bewegtes Leben als Apotheker, Korrespondent, Kriegsberichterstatter und Journalist mit vielen Brüchen und Enttäuschungen hinter sich gebracht hatte. Zeitlebens litt er unter der Unsicherheit seiner Existenz als Schriftsteller im Berlin des 19. Jahrhunderts, stellte seine eigene Person immer wieder in Frage. Und das ist es, was ihn in unserer Zeit, da sich jeder und jede nach kleinsten Erfolgen sogleich für »superwichtig« hält, so liebenswert macht.

»Zum Schluß stirbt ein Alter und zwei Junge heiraten«, so unvergleichlich knapp resümiert er 1897 den Inhalt seines letzten Romans, »Der Stechlin«, worin sich Weisheit und ruhige Abgeklärtheit des Alters spiegeln wie in keinem anderen.

In diesem Buch, das der 75jährige Autor in einem Zug schrieb, nachdem ein Jahr vorher »Effi Briest« fertiggestellt worden war, begegnet uns der alte Fontane in der Figur des Dubslav von Stechlin, so jedenfalls sehen es die Germanisten. Und sicherlich gleichen sich die beiden im distanzierten Blick auf Altes und Neues und in der Mischung aus Menschenfreundlichkeit und Skepsis. Vor allem aber im unvergleichlichen Plauderton, mit dem der märkische Adelige als Alter ego des Autors zu uns über die Dinge des Lebens spricht.

Dieser kunstvolle Plauderstil zeigt, was uns verlorenging, seit wir die Gabe des schwebend-unverbindlichen, dabei geistreichen und originellen Gesprächs nicht mehr zu schätzen wissen. Wo denn bitte wird noch geplaudert? Heute, da Information alles ist, muß diese Kunst auf der Strecke bleiben. Monologe zur Genüge, wortreiche Selbstdarstellung auch, dazu Gemeinplätze ohne Ende oder Diskussion auf Biegen und Brechen, das können wir. Stundenlang. Aber plaudern, Gedanken entwickeln, zuhören und Einwände einbeziehen, dabei unterhaltsam, liebenswürdig, selbstironisch sein, das haben wir verlernt.

Der »märkische Plauderer« zeigt uns, wie das geht. Und der Ausspruch seines Dubslav Stechlin, der da zu seinem Sohn bemerkt: »Es gibt nur wenig ernste Sachen, die nicht auch eine komische Seite hätten«, macht sich in unserer perfekten Nachrichtenwelt aus wie die Botschaft von einem anderen Stern.

Wer sich also aus dieser Welt für ein paar glückliche Lesestunden zurückziehen will, der vertraue sich Theodor Fontane an, der mit so unbestechlichem Auge auf die Menschen blickte und sie mit kluger, humorvoller Distanz beschrieb.

Sprachlos im Land der Trauer

An Gedenktagen besuchen wir unsere Toten, legen Blumen auf Gräber, zünden Kerzen an und treffen Bekannte, die das auch tun. Manchmal gehe ich auch »zwischendurch« zum Friedhof, weil ich gern an meine Toten denke. Immer in der gleichen Reihenfolge von Grab zu Grab wandernd, zupfe ich ein paar welke Blüten ab, höre die Vogelstimmen aus den alten Bäumen und halte Zwiesprache mit der Vergangenheit und mit mir selbst. Dabei komme ich an einer Bank vorbei, nahe am Brunnen, wo die grünen Gießkannen stehen. Werden sie da sein, frage ich mich dann, bevor ich um die Ecke biege. Meistens sind sie da. Zwei alte Frauen, die miteinander sprechen. Über ihre toten Männer, wie lange »das jetzt schon her ist«, daß die Pflege schwer war und daß sie jetzt allein sind, aber daß eben alles weitergeht. Während ich langsam meine Gießkanne fülle, höre ich zu. Sie wirken müde, abgeklärt, aber eigentlich nicht traurig. Vermutlich, weil es ihnen gut tut, daß sie miteinander sprechen können über sich und über ihre Toten.
Die meisten Trauernden können das nicht. Weil uns der Gedanke an den Tod erschreckt, gehen wir ihnen aus dem Weg. Schon auf dem Friedhof beginnt es. Zwar kommen alle zur Beerdigung, es gibt Kränze und Umarmungen am Grab. Und dann? Die Trauergäste haben ihre Pflicht getan. Sie kehren zurück in ihr Alltagsleben. »Melde dich«, das ist alles. Viele

aber, vor allem die Frauen unter ihnen, können sich nicht einfach »melden«. Sie spüren vielmehr, wie zu dem großen Verlust noch viele kleine dazukommen: Einladungen finden nicht mehr statt, Anrufe werden seltener, Begegnungen auf der Straße werden gemieden. Was soll ich sagen, wie mich verhalten? Stehenbleiben oder weitergehen? Noch ehe man sich entschieden hat, ist die Gelegenheit verpaßt.

Und so wird der Schmerz über den Tod noch verstärkt durch das Gefühl, allein gelassen zu werden. Warum ist das so? Warum sind wir so sprachlos im Land der Trauer? Sicher nicht, weil wir gleichgültig, sondern weil wir hilflos sind. Es gibt keine Kurse für den Umgang mit Trauernden. Aber es gibt die Stimme des Herzens. Das schönste Geschenk, das man denen, die zurückgeblieben sind, machen kann, ist mit ihnen über die Toten zu sprechen. So können sie in der Erinnerung weiterleben, auch weil dann klar wird, daß Trauer die Fortsetzung der Liebe ist und daß niemand, der liebt, von Trauer verschont bleibt.

Nesthäkchen hat überlebt

Mädchenbücher, vor allem Backfischromane, sind bei Buchhändlern heutzutage verpönt. Und doch erinnern sich mindestens drei Generationen von Leserinnen an die Nesthäkchen-Bücher von Else Ury. Mit zehn Bänden über das Leben der kleinen Annemarie Braun, beginnend mit »Nesthäkchen und ihre Puppen« bis »Nesthäkchen im weißen Haar« erschrieb sich die Autorin eine Auflage von fast sieben Millionen, Verfilmungen für die Fernseh-Generation wurden mehrfach wiederholt.
Was kaum jemand weiß: Else Ury, die sich in die Mädchenherzen der heutigen Großmütter schrieb, war Jüdin und wurde 1943 in Auschwitz ermordet. Die Fabrikantentochter, für die die jüdische Tradition weder in ihrem eigenen Leben noch in ihren Büchern eine Rolle gespielt hat, wurde erst durch Hitlers Rassengesetze zur Jüdin. 1877 in Berlin geboren, lebte sie im Hause der Eltern und arbeitete bald als Autorin für »Das Kränzchen«, eine beliebte illustrierte Mädchenzeitung, in der ihre Fortsetzungsgeschichten erschienen. Auf die Nesthäkchen-Serie folgten »Professors Zwillinge« und andere. Else Ury schrieb patriotisch, kaisertreu und bejahte in »Jugend voraus«, ihrem letzten Buch, das 1933 erschien, ausdrücklich die »nationale Bewegung«. Das Buch war gerade im Druck, da begann die Ausgrenzung der Juden, erste Freunde und Verwandte gingen ins Exil, aber Else Ury glaubte wohl an die »hei-

le Welt«, die sie auch in ihren Büchern beschrieb. Sie blieb in Deutschland, auch nachdem sich ihr geliebter Bruder das Leben genommen hatte und sie selbst, wie alle jüdischen Frauen, den Vornamen Sara annehmen und den gelben Stern tragen mußte. Kaum verständlich aus heutiger Sicht ist, daß sie 1938 von einer Reise nach London zurückkehrte, obwohl sie, in Berlin bereits aus ihrer Wohnung vertrieben, in einem »Judenhaus« lebte und ihr gesamtes Vermögen von den Nazis beschlagnahmt worden war. Am 6. Juni 1943 mußte sich die Autorin an der Sammelstelle für Juden einfinden und sechs Tage später wurde sie nach Auschwitz deportiert.
Da es keine Todeserklärung gibt, ist zu vermuten, daß sie ohne Registrierung in die Gaskammer geschickt wurde. Die Deportationsakte ist im Landesarchiv Berlin aufbewahrt.
Nesthäkchen aber hat überlebt. In manchen Bücherschränken werden die alten Bände gehütet als Erinnerung an frühe Lesefreuden und glückliche Mädchenzeiten. Der Name Else Ury aber, der mit Deutschlands dunkelster Zeit verbunden ist, wird heute kaum noch genannt.

Im Gespräch bleiben

Erstaunlich viele goldene, gar diamantene Hochzeiten werden derzeit gefeiert. Wer die Fotos in den Lokalzeitungen sieht, freut sich mit den Jubelpaaren. Ein bißchen mitgenommen von den Jahren, ein bißchen starr, dem offiziellen Fototermin angemessen, aber in aller Würde blicken sie in die Kameras. Ihre Ehen wurden in schweren Zeiten geschlossen, die ältesten haben den Weltkrieg überdauert, in den Texten zum Jubiläum ist davon die Rede. Natürlich auch von den Kindern und Enkeln, von beruflichen Erfolgen und immer wieder auch von der Liebe, die jetzt schon so lange währt.
Meist werden die Paare gefragt, was denn nun ihr Eherezept sei. Und da gibt es die verschiedensten Antworten. »Gemeinsam etwas aufbauen und nicht gleich auseinander gehen, wenn es schwierig wird«, sagen die meisten. »Wir haben nie aufgehört, miteinander zu reden«, antwortet dagegen neulich ein Ehemann, »und das hat uns über vieles hinweggebracht.«
Ein Gespräch also, das vor 50 oder 60 Jahren begann und noch immer andauert als Rezept für eine gelungene Ehe. Ein Gespräch, das über die Liebe zueinander, über die Liebe zu Kindern und Enkeln geführt wird, über alltägliche Dinge, über Bindungen an Freunde und an die Natur. Und immer dann, wenn es zu versiegen drohte, wenn Kummer oder später die Melancholie des Alters die

Quelle verschloß, sorgte einer dafür, daß es wieder fließen konnte. So hat der alte Herr erklärt, was er meinte, als er sagte: »Unsere Ehe ist ein langes Gespräch.«

Zum Glück kein Einzelfall. Viele gibt es, die sich auch nach Jahren noch viel zu sagen haben. Manchmal geht es dabei etwas langatmig zu. Wir alle kennen die Dozenten unter uns, deren Ausführungen immer wieder an Abzweigungen geraten, die den Weg bis zur entscheidenden Aussage verlängern. Und wir kennen auch die Blicke der Ehefrauen, die das alles schon hundertmal gehört haben. Aber auch das macht eine Ehe aus. Dort, wo niemand spricht und niemand zuhört, fehlt auch die Freude an der Erinnerung und damit ein starkes Gesprächsthema. Wer ein halbes Jahrhundert oder mehr in einer Ehe verbracht hat, verfügt über eine Kette gemeinsamer Erlebnisse, die stärker verbindet als alles andere. Wenn keiner mehr fragt: »Weißt du noch?«, und wenn keiner mehr zuhört, wenn der Gesprächsfaden gerissen ist, dann wird es still und einsam.

Vom Lachen und vom Lächeln

Es ist schon was dran an den alten Sprüchen aus der Schatztruhe der Volksweisheiten. »Lachen ist gesund«, zum Beispiel, dieses unverwüstliche Zitat, das immer herhalten muß, wenn Besuchern am Krankenbett nichts Besseres eingefallen ist, wurde kürzlich durch die Wissenschaft, genauer gesagt durch die Biochemie, bestätigt.

Und das klingt dann so: Beim herzhaften Lachen steigen im Körper Anzahl und Aktivitäten der Killerzellen, die im Organismus jene Zellen bekämpfen, die uns krank machen. Experten kamen zu dem Ergebnis, daß dadurch Konfliktstoff abgebaut und die Lebensqualität verbessert wird.

Nun ist das so neu nicht. Wer kennt sie nicht, die Situation, in der ganze Tischrunden erleichtert aufatmen, weil ein gut erzählter Witz nach einer Peinlichkeit das »erlösende Lachen« bewirkt hat; der Blutdruck reguliert sich wieder. Oder die lachende Begeisterung beim Wiedersehen alter Freunde, die sich dann noch mit schmatzenden Küssen begrüßen? Glückshormone werden da freigesetzt, auch das bestätigen die Wissenschaftler. Andererseits heißt es aber auch: »Wir haben uns krankgelacht« oder gar »totgelacht«. Tod und Leben sind eben nahe beieinander. So nahe wie Lachen und Weinen auch.

Wenn man aber vom Lachen redet, muß auch dem Lächeln Aufmerksamkeit geschenkt werden, jenem

»Augen-Blick«, der auf der Straße, am Arbeitsplatz, im Supermarkt und im Omnibus die Herzen öffnet. Nicht ohne Grund heißt es: »ein Lächeln schenken«, ein Geschenk, das nichts kostet, aber viel bewirkt. Leider erleben wir immer wieder, daß sich jene heitere Grundstimmung, die uns allen in die Wiege gelegt wurde, im täglichen Einerlei verliert. Wir alle kennen Menschen, denen ihre positive Ausstrahlung abhanden gekommen ist, weil sie das Lachen verlernt haben. Und nicht nur das: die es auch nicht ertragen können, wenn andere lachen. Oft sind es dieselben, die auch nicht zuhören können, wenn andere etwas erzählen. Man geht ihnen aus dem Weg. Wer nicht mehr lachen kann, hat bald auch keine Freunde mehr. Dabei ist ein positives Lebensgefühl bis zu einem gewissen Grad »selbst gemacht«, zumindest was die Freude an den kleinen Dingen des Alltags betrifft. Dafür allerdings muß man bereit sein, und guter Wille zum Fröhlichsein gehört auch dazu. Ein erster Schritt wäre, sich selbst mal wieder zuzulächeln.

Zuhören wäre schön

Kommunikation ist das große Zauberwort der Gegenwart. Rundum wird kommuniziert. Mitteilungen und Informationen überschwemmen uns täglich. Wir können als Zuschauer bei Talkrunden an Schicksalen und Gefühlen Prominenter und weniger Prominenter teilhaben, hören Geständnisse, Erinnerungen und Lebensweisheiten, lesen Berichte über aktuelle Ereignisse, die mit intimen Einzelheiten die Leser mobilisieren.

Und wir selbst? Wer hört uns zu, wer fragt, wie es uns geht – und will das auch wirklich wissen?

Es ist leider so: Dort, wo Menschen älter werden, sie nicht mehr so leicht Kontakt aufnehmen wie die Jungen, ist auch die Einsamkeit zu Hause, bleiben Türen geschlossen, Worte ungesprochen. Wir brauchen aber Gespräche und Gedankenaustausch von Mensch zu Mensch als Vitamin für die Seele. Fernsehen, Musik, Literatur – schön und gut; das alles kann die Phantasie anregen und die Zeit vertreiben, aber nicht das Herz bewegen. Dazu ist mehr nötig: ein Lächeln, ein Blick, ein freundlicher Kontakt eben. Eine Brücke, über die man aufeinander zugehen kann.

Das klingt einfach und ist doch für viele schwer. Denn gerade Ältere haben oft das Gefühl, nichts mehr wert zu sein, weil sie schlecht hören und nicht mehr so gut auf den Beinen sind. Selbstzweifel plagen mehr Menschen, als wir annehmen.

Der wunderbare Arzt, Psychoanalytiker und gesellschaftskritische Denker der ersten drei Nachkriegsjahrzehnte in Deutschland, Alexander Mitscherlich (1908–1982), hat ausgesprochen, was ihm widerfuhr, als er alters- und krankheitsbedingte Defizite ertragen mußte. Er spüre, sagte er in einem Interview, daß ihm alles langsamer und mühsamer von der Hand gehe. Er könne verstehen, daß alte Menschen nach und nach verstummen, weil ihnen niemand mehr zuhöre, niemand mehr Geduld mit ihnen habe. Er könne aber im Rückblick auch begreifen, wie schwierig es für Jüngere sei, das Fortschreiten des Alterns beim Partner, beim früheren Mentor oder beim Vater zu verstehen.
Kein Trost freilich, aber immerhin der Hinweis eines geachteten Wissenschaftlers auf eine traurige Situation, dort erlebt, wo Menschen altern. Was sie brauchen ist nicht die gnadenlose Kommunikation über alles und jeden, sondern die Wertschätzung durch das Gespräch und das Interesse an den Antworten. Einfach zuhören, das wäre schön.

When I'm sixty-four

Die Beatles, wer erinnert sich nicht? An jene Jahre des Aufbruchs, als uns in den Sechzigern die Pilzköpfe aus Liverpool mit ihrer Musik begeisterten – mit »Yesterday«, »All my Loving«, »All You need is Love«, und natürlich »The yellow Submarine«?
Ein Song, der damals nicht zu den populäreren gehörte, klingt heute nach und berührt uns: »When I'm sixty-four«. Die Hoffnung auf ein erfülltes Alter, Fragen an die Zukunft, gewürzt mit einem kräftigen Schuß Ironie, klingt aus jener Zeit zu uns herüber: »When I get older, losing my hair/ many years from now/ will you still be sending me a valentine,/ birthday greetings, bottle of wine? If I've been out still quater to three/ would you look the door?/ Will you still need me, will you still feed me/ when I'm sixty-four?«
So anrührend einfach klingt dieser Text, daß er eine Art Altershymne sein könnte für uns, die wir damals jung waren: »Wenn ich mal alt bin, die Haare verlier/ in vielen vielen Jahren/ wirst du dann noch immer glücklich bei mir sein/Geburtstagsgrüße, ein Fläschchen Wein?/ Wenn ich mal ausgeh bis morgens um vier/ verschließt du dann die Tür?/ Wirst du mich ehren, mich noch nähren/ mit vierundsechzig Jahren?«
Textzeilen, die mit uns altern. Paul McCartney, millionenschwerer Überlebender der vier aus Liverpool, hat diesen Song für das Beatles-Album »Sgt.

Pepper's Lonely Hearts Club Band« 1967 geschrieben. Es sei mehr oder weniger sein Song gewesen, sagte er in einem Interview, und die Melodie habe er mit sechzehn Jahren komponiert. Heute, 36 Jahre später, ist aus McCartney Sir Paul geworden und aus dem Sechzehnjährigen ein Sechziger, womit er zwar zur »ergrauenden Gesellschaft Europas« gehört, sich aber nicht fragen muß, ob er noch geliebt und genährt wird, ob man ihn noch mit einem Fläschchen Wein verwöhnt oder lieber vor der Türe stehen läßt.

Wer heute 64 ist, fühlt sich jung. Das ist Rentner-Pflicht. Zwar sagen Experten, es wachse ein demographisches Problem ungeheueren Ausmaßes heran, aber wirklich wahrhaben will das niemand. Erst wenn keiner mehr da ist, der den Rollstuhl schiebt, wird man bemerken, daß aus dem Liebeslied von Paul McCartney, das sich voll banger Hoffnung an die Zukunft richtet, eine knallharte Frage geworden ist: Wer wird sie ehren und noch nähren, die Alten im Land?

Das Leben zu Ende leben

Liebe Leserin, lieber Leser!
Einmal in diesem Büchlein will ich Sie ganz persönlich ansprechen. Wohl wissend, daß nichts so ungewiß ist wie Ihr Interesse. Ich will es gewinnen, indem ich von alten, sehr alten Menschen berichte. Ich bin ihnen begegnet bei meiner Tätigkeit als Journalistin. Sie waren die Wortgeber, die Erzähler, die Hauptdarsteller einer Reportagen-Serie über hochbetagte Menschen. »Alterswege« war der für eine Tageszeitung, die ihre Abonnenten mit Nachrichten, Meinungen, Tips und unterhaltsamem Lesestoff zu versorgen hat, durchaus nicht zielgruppenfreundliche Titel.

Und doch ist es den sechs hochbetagten Männern und Frauen, die das Tor zum Alter schon lange durchschritten hatten und die nicht wußten, wie lange ihre Wegstrecke noch sein würde, gelungen, den Nachrichtenfluß des Tagesgeschehens für ein paar Leseminuten zu unterbrechen. Mit ihren Gedanken und Erinnerungsschätzen und der Botschaft, daß das Alter »ein anderes Land« ist. Ein Land, in das man unbemerkt hineingeht und das man dann mit all seinem Lebensgepäck durchschreiten muß.

Da waren die Schauspielerin, der Mönch, das alte Ehepaar, der Witwer, die alzheimerkranke Mutter, die ihre Tochter nicht mehr kannte, und die kämpferische Jüdin, die trotz Emigration immer Deutsche geblieben war und die feststellte: »Eine Sehnsucht nach Ruhe ist eingekehrt. Ich muß die Zeit nicht mehr nutzen, wir sind Partner geworden. Ich gehöre ihr und sie gehört mir.«

Bei unseren Gesprächen blickte ich in schöne, zerdachte, wissende Altersgesichter, in Augen, die weiter zu sehen schienen als meine, auf Hände, die wie Skulpturen im Schoß lagen und beim Abschied kräftig zudrückten. Ich folgte Lebensläufen und teilte Schicksale, konnte Erschütterung, Liebe, Trauer in den Stimmen hören, viel Humor auch, und immer wieder gab es Verknüpfungen zwischen den Generationen. Am Ende waren wir etwa gleich alt. Sie waren jünger geworden und ich älter.

Natürlich waren die Gedanken an den Tod spürbar, aber Angst nur vor Hilflosigkeit und Schmerzen. Eine Urangst, wie es der fast hundertjährige Witwer nannte, die man als Begleiterin auf der letzten Wegstrecke nicht mehr loswerde. Mit der man sich aber arrangieren könne, indem man sich ihr nicht ergebe. Das Leben zu Ende leben, das sei die Aufgabe. Was sonst?

Drei der alten Menschen leben heute, an dem Tag, da ich dieses schreibe, nicht mehr. Ihnen, die den Altersweg bereits zu Ende gegangen sind, sollen diese Zeilen gewidmet sein.